Dr. Oetker

WunderBar

Dr. Oetker Verlag

Vorwort

Die nächste Party, der nächste Geburtstag oder DVD-Abend steht an und Sie wollen Ihren Gästen etwas anderes als Bier, Wein und Wasser anbieten?

Dann sind Sie in der „Dr. Oetker WunderBar“ genau richtig. Hier finden Sie tolle Rezepte für Cocktails mit oder ohne Promille, Longdrinks, Kaffeespezialitäten, Bowlen, Limonaden oder Smoothies.
Auch für die kalte Jahreszeit ist mit Glühwein, Glögg oder Feuerzangenbowle gesorgt.

Begeistern Sie Ihre Gäste mit Klassikern, wie Tequila Sunrise, Bloody Mary oder Mojito. Überraschen Sie sie mit den neuen Trendgetränken, wie dem Bombay Crushed oder dem Godfather.

Auch Autofahrer kommen bei der leckeren Auswahl an alkoholfreien Cocktails auf Ihre Kosten. Warum also Wasser trinken, wenn Ipanema, Krokodile oder Cooler besser schmecken?

Ihre Gäste bleiben über Nacht? Kein Problem. Wie wäre es mit einem leckeren Breakfast- oder Beeren-Smoothie zum Frühstück? Und dazu einen Wiener Kaffee oder für die Teetrinker einen Chai.

Alle Rezepte sind von Dr. Oetker ausprobiert und so beschrieben, dass sie Ihnen garantiert gelingen.

Vorrat und Küchenausstattung Ratgeber

Allgemeine Hinweise zu den Rezepten

Wir empfehlen vor der Zubereitung – besser noch vor dem Einkaufen – das Rezept einmal vollständig durchzulesen. Oft werden Arbeitsabläufe und -zusammenhänge dann klarer.
Die Anzahl der Portionen ist in den Rezepten angegeben.

Zutatenliste

Die Zutaten sind in der Reihenfolge ihrer Verarbeitung aufgeführt.

Glasarten

Bis auf wenige Ausnahmen werden für die Drinks folgende Glasarten verwendet:
- Longdrinkglas (ein hohes, meist zylinderförmiges Glas)
- Tumbler (ein flaches, meist zylinderförmiges Becherglas)
- Fancyglas (ein großes, bauchiges Glas mit kurzem Stiel)
- Cocktailglas/-schale (ein flaches, trichterförmiges Glas mit hohem Stiel)
- Sektglas/-schale (ein tulpenförmiges oder kelchartiges Glas mit hohem Stiel)

Wenn Sie die entsprechenden Gläser nicht besitzen, können Sie natürlich auch die Gläser verwenden, die Sie zu Hause haben.

Mixutensilien

Folgende Utensilien werden benötigt:
- Shaker
- Barsieb (es gibt auch Shaker mit eingebautem Sieb im Deckel)
- evtl. einen Elektro- oder Stabmixer
- Teelöffel (für manche Drinks einen Teelöffel mit langem Stiel, ersatzweise kann zum Umrühren auch ein Esslöffel oder etwas Vergleichbares verwendet werden)

Abkürzungen:

TL	= Teelöffel
ml	= Milliliter
cl	= Centiliter (1 cl = 10 ml)
l	= Liter
g	= Gramm
evtl.	= eventuell

– Messer und Schneidebrett
– Holzstößel (für einige Drinks zum Zerdrücken von Obststücken oder Minze)
– Holzhammer oder Fleischklopfer aus Holz, Kunststoff oder Metall und ein Handtuch (zum Zerkleinern von Eiswürfeln)
– Holzspieße (zum Garnieren mancher Cocktails)
– Schnapsglas mit 2 cl-Markierung
– evtl. ein Bowlengefäß
– große und kleine Gläser zum Servieren der Drinks
– Trinkhalme (nach Belieben)

Mixzutaten

– Eis – Für Drinks wird Eis in verschiedenen Größen (Eiswürfel, grob zerstoßenes Eis oder Crushed Ice) verwendet. Für grob zerstoßenes Eis einige Eiswürfel in ein Küchentuch wickeln und mit einem Holzhammer oder Fleischklopfer grob zerkleinern. Um Crushed Ice zu erhalten, zerkleinern Sie die Eiswürfel noch kleiner, als für grob zerstoßenes Eis. Crushed Ice können Sie auch mit einem Eis-Crusher herstellen.

Es ist sinnvoll, vor dem Mixen einen Vorrat an Eiswürfeln im Gefrierschrank anzulegen. Nehmen Sie die Eiswürfel 10–15 Minuten vor der Verwendung aus dem Gefrierschrank. Eiswürfel direkt aus der Tiefkühltruhe sind zu kalt, um abzuschmelzen und ihre Kälte an den Drink abzugeben.

– Fruchtsäfte – Achten Sie darauf, dass Sie nur Fruchtsäfte aus 100 % Fruchtsaft, aus Fruchtsaftkonzentrat oder frisch gepresste Fruchtsäfte verwenden. Fruchtsaftgetränke sind ungeeignet, da sie verdünnt sind und zugefügten Zucker enthalten.
– Brauner Zucker – Die Farbe entsteht bei der Herstellung aus speziellen, stark karamellhaltigen Kandissirupen oder durch den Zusatz von Karamellsirup.
– Rohrzucker erhält seine braune Farbe vor der Herstellung aus Nichtzuckerstoffen (z. B. Melasse).
– Cream of Coconut – Diese Mixzutat erhalten Sie in Konservendosen in Lebensmittelabteilungen von Warenhäusern oder in Lebensmittelläden in der Getränkeabteilung.
– Grenadinesirup
– Limettensaft, Lime Juice und Limettensirup – Diese Zutaten werden oft verwechselt, unterscheiden sich jedoch in Geschmack, Konsistenz und in der Anwendung:
  – Limettensaft ist der reine Saft aus Limetten.
  – Lime Juice wird sehr oft für Drinks verwendet. Es ist ein durchsichtiges, leicht grünliches Limonadenkonzentrat aus Limettensaft und Zucker. Sie finden Lime Juice in der Getränkeabteilung von Lebensmittelgeschäften.
  – Limettensirup ist ein Fruchtsirup, der aus reinem Fruchtsaft und Zucker besteht. Der Sirup hat eine dickflüssige Konsistenz und ist stärker konzentriert als Lime Juice. Fruchtsirupe gibt es in vielen verschiedenen Geschmacksrichtungen.
– Sodawasser ist mit Kohlensäure versetztes Tafelwasser. Ersatzweise können Sie salzarmes, kohlensäurehaltiges Mineralwasser oder selbst aufgesprudeltes Leitungswasser verwenden.
– Ginger Ale
– Tonic Water
– Bitter Lemon
– Schlagsahne

Alkoholsorten

Folgende alkoholischen Getränke werden unter anderem in den Rezepten verwendet. Je nach Rezept müssen evtl. weitere Alkoholika eingekauft werden.
– Wodka
– Rum (brauner und weißer Rum)
– Gin
– Cachaça
– Whiskey
– Tequila
– Sekt
– Rot- und Weißwein
– Schokoladenlikör
– Cointreau (Orangenlikör)
– Kaffeelikör
– Blue Curaçao

Weitere Tipps und Hinweise:

– Mixgetränke müssen kalt sein, achten Sie deshalb darauf, dass sowohl das Glas als auch größere Flüssigkeitsmengen, die zugegeben werden (z. B. Saft, Limonaden, Sekt) gut gekühlt sind.
– Je nach verwendeter Spirituosenmarke kann die Farbe der fertigen Drinks schwanken.
– Waschen Sie Obst, das Sie verwenden wollen, gründlich unter lauwarmem Wasser ab.

Frozen Strawberry Daiquiri

Einfach fruchtig

Im Bild hinten, für 1 Person

Zutaten:

6 frische Erdbeeren
5 cl weißer Rum
Saft von ½ Limette
1 TL Zuckersirup
grob zerstoßenes Eis oder Crushed Ice

Zubereitung:

1. Die Erdbeeren abspülen, trocken tupfen und entstielen. Von den Erdbeeren 1 schöne Erdbeere mit Grün zum Garnieren beiseitelegen. Erdbeeren mit den restlichen Zutaten in einen hohen Rührbecher geben und gut pürieren.

2. Den Drink in eine gut gekühlte Cocktailschale gießen und den Glasrand mit der beiseitegelegten Erdbeere garnieren.

Tipp:

Noch fruchtiger wird der Drink, wenn Sie anstelle von Zuckersirup Erdbeersirup verwenden.

Einfach Daiquiri

Im Bild vorne links, für 1 Person

Zutaten:

4 cl weißer Rum
2 cl Limetten- oder Zitronensaft
2 cl Zuckersirup
einige Eiswürfel

Nach Belieben:
2 kurze Trinkhalme

Zubereitung:

1. Rum mit Saft, Zuckersirup und einigen Eiswürfeln in einen Shaker geben und gut schütteln.

2. Anschließend den Drink durch ein Barsieb in eine gut gekühlte Cocktailschale abseihen. Nach Belieben den Drink mit den Trinkhalmen servieren.

Tipp:

Der Daiquiri kann statt mit Saft und Zuckersirup auch nur mit 4 cl Lime Juice zubereitet werden. Für **Frozen Daquiri** (im Bild vorne rechts) die Zutaten für den Daiquiri mit ½ Tasse Crushed Ice im Elektromixer mixen. Den Drink nach Belieben mit Limettenscheiben garnieren.

Ein Klassiker

Margarita

Ohne Bild, für 1 Person

Zutaten:

Zitronensaft
Salz

4 cl Tequila
2 cl Cointreau
2 cl Zitronen- oder Limettensaft
einige Eiswürfel

Nach Belieben:
1 Scheibe von 1 Bio-Zitrone
(unbehandelt, ungewachst)

Zubereitung:

1. Den Rand eines gut gekühlten Longdrinkglases zuerst in Zitronensaft, dann in Salz drehen, sodass ein Salzrand „Crusta“ entsteht.

2. Tequila, Cointreau und Zitronensaft mit einigen Eiswürfeln in einem Shaker gut schütteln. Den Drink durch ein Barsieb in das vorbereitete Glas abseihen.

3. Nach Belieben den Drink mit der Zitronenscheibe garniert servieren.

Tipp:

Klassisch hat der Margarita eine „Crusta“ aus Salz. Wer es weniger salzig mag, kann den Rand auch aus feinem Zucker machen.

Tequila Sunrise

Für 1 Person

Schmeckt bis zum Sonnenaufgang

Zutaten:

5 cl Tequila
10 cl Orangensaft
einige Eiswürfel
2 cl Grenadine

Nach Belieben:
1 Scheibe von 1 Bio-Orange
(unbehandelt, ungewachst)
1 Trinkhalm

Zubereitung:

1. Tequila und Orangensaft mit einigen Eiswürfeln in einen Shaker geben und gut schütteln.

2. Anschließend den Drink durch ein Barsieb in ein zur Hälfte mit Eiswürfeln gefülltes Longdrinkglas abseihen.

3. Grenadine langsam am Rand des Glases ins Glas gießen und absinken lassen, sodass der Drink von unten nach oben immer heller wird.

4. Nach Belieben die Orangenscheibe leicht einschneiden, den Drink damit garnieren und mit einem Trinkhalm servieren.

Einfach

Scorpion Lady

Ohne Bild, für 1 Person

Zutaten:

4 cl weißer Rum
2 cl Cognac
1–2 cl Amaretto
3 cl Zitronensaft
4 cl Orangensaft
1 Tasse Crushed Ice

einige Eiswürfel

Nach Belieben:
einige Zitronenmelisseblättchen

Zubereitung:

1. Rum, Cognac, Amaretto, Zitronen- und Orangensaft mit dem Crushed Ice gut durchmixen.

2. Anschließend den Drink durch ein Barsieb in ein zur Hälfte mit Eiswürfeln gefülltes Longdrinkglas abseihen. Nach Belieben Zitronenmelisseblättchen abspülen, trocken tupfen und den Drink damit garnieren.

Mojito

Für 1 Person

Beliebt

Zutaten:

1 TL Puderzucker oder Zuckersirup
6 cl weißer Rum
Saft von ½ Limette
6–8 Minzeblättchen
grob zerstoßenes Eis
Sodawasser

Nach Belieben:
einige Minzeblättchen
1 Trinkhalm

Zubereitung:

1. Puderzucker oder Zuckersirup mit Rum und Limettensaft in ein Longdrinkglas oder einen Tumbler geben und verrühren, bis er sich gelöst hat.

2. Minzeblättchen abspülen, trocken tupfen und hinzugeben. Die Blättchen mit einem Holzstößel darin etwas zerdrücken. Grob zerstoßenes Eis hinzufügen und verrühren.

3. Das Glas mit Sodawasser auffüllen. Den Drink nach Belieben mit abgespülten, trocken getupften Minzeblättchen garnieren und mit Trinkhalm servieren.

Kleine Warenkunde:

Rum ist ein Destillat aus dem reinen Saft oder aus der Melasse des Zuckerrohrs. Durch ein spezielles Destillationsverfahren und die Lagerung in Eichenfässern erreicht Rum seine typische Weichheit.

Klassisch
Swimming Pool

Für 1 Person

Zubereitung:

1. Wodka mit Likören, Sahne, Saft und einigen Eiswürfeln in einen Shaker geben und gut schütteln.

2. Anschließend den Drink durch ein Barsieb in ein zur Hälfte mit Eiswürfeln gefülltes Fancy- oder Longdrinkglas abseihen. Den Drink nach Belieben mit einem Ananasstück garnieren und mit einem Trinkhalm servieren.

Tipp:

Lassen Sie beim Shaken den Blue Curaçao weg und gießen Sie ihn erst auf den fertigen Drink, sodass er sich langsam mit dem Drink vermischt.

Zutaten:

3 cl Wodka
4 cl Kokoslikör
1 cl Blue Curaçao
2 cl Schlagsahne
10 cl Ananassaft
einige Eiswürfel

Nach Belieben:
1 Ananasstück (frisch oder aus der Dose)
1 Trinkhalm

Zutaten:

4 cl Wodka
2 cl Pfirsichlikör
2 cl Grenadinesirup
4 cl Orangensaft
2 cl Ananassaft
einige Eiswürfel

Nach Belieben:
1 Cocktailkirsche
1 Scheibe von 1 Bio-Orange (unbehandelt, ungewachst)
1 Holzspießchen

Für 1 Person

Einfach lecker
Sex on the beach

Zubereitung:

1. Wodka, Pfirsichlikör, Grenadinesirup, Orangen- und Ananassaft mit einigen Eiswürfeln in einen Shaker geben und gut schütteln.

2. Den Drink durch ein Barsieb in ein zur Hälfte mit Eiswürfeln gefülltes Longdrinkglas abseihen.

3. Nach Belieben die Cocktailkirsche und Orangenscheibe auf das Holzspießchen stecken, den Drink damit garnieren und servieren.

Klassisch

Cuba Libre

Für 1 Person

Zutaten:

1 Bio-Limette (unbehandelt, ungewachst)

einige Eiswürfel
4 cl weißer Rum
kalte Cola

Nach Belieben:
1 Trinkhalm

Zubereitung:

1. Die Limette heiß abwaschen und abtrocknen. Limette quer halbieren. Eine Limettenhälfte in Viertel schneiden.

2. Ein gekühltes Longdrinkglas zur Hälfte mit Eiswürfeln füllen und den Saft der zweiten Limettenhälfte darüber auspressen. Limettenviertel hinzugeben.

3. Rum zugießen und umrühren. Das Glas mit Cola auffüllen und den Drink nach Belieben mit einem Trinkhalm servieren.

Für 1 Person **Feurig**

Bloody Mary

Zutaten:

2–3 Eiswürfel
4 cl Wodka
8 cl Tomatensaft
1 Spritzer Worcestersauce
1 Spritzer Tabasco
1 Spritzer Zitronensaft
frisch gemahlener weißer Pfeffer
1 Prise Salz

Nach Belieben:
1 Stück Staudensellerie

Zubereitung:

1. Die Eiswürfel in ein Longdrinkglas geben.

2. Wodka mit Tomatensaft, Worcestersauce, Tabasco, Zitronensaft, Pfeffer und Salz hineingeben und gut umrühren. Den Drink nach Belieben mit einem Stück Staudensellerie servieren.

Tipp:

Anstelle des normalen Salzes können Sie auch Selleriesalz verwenden.

Beliebt

Mai Tai

Für 1 Person

Zubereitung:

1. Ein Longdrinkglas zur Hälfte mit zerstoßenem Eis oder Crushed Ice füllen. Die Limette heiß abwaschen, abtrocknen und halbieren. Eine Limettenhälfte über dem Eis auspressen. Die zweite Limettenhälfte in Stücke schneiden und ins Glas geben.

2. Die anderen Zutaten mit einigen Eiswürfeln in einem Shaker gut schütteln und durch ein Barsieb in das Glas abseihen.

3. Den Drink kurz umrühren, mit einer Cocktailkirsche und dem abgespülten, trocken getupften Minzezweig garniert servieren.

Exotisch süß

Piña Colada

Ohne Bild, für 1 Person

Zutaten:

6 cl weißer Rum
3 cl Cream of Coconut (Kokosnusscreme)
6 cl Ananassaft
3–4 Ananasstücke
grob zerstoßenes Eis oder Crushed Ice

Nach Belieben:
1 Stück Ananas
1 Cocktailkirsche
1 Trinkhalm

Zubereitung:

1. Rum mit Kokosnusscreme, Ananassaft und Ananasstücken pürieren. Das Eis in ein Cocktailglas geben und den Drink darübergießen.

2. Nach Belieben das Glas mit dem Ananasstück und der Cocktailkirsche garnieren und mit einem Trinkhalm servieren.

Zutaten:

grob zerstoßenes Eis oder Crushed Ice
1 Bio-Limette (unbehandelt, ungewachst)
3 cl brauner Rum
3 cl weißer Rum
2 cl Apricot Brandy
1 cl Zuckersirup
1 cl Zitronensaft
4 cl Lime Juice
1 cl Mandelsirup

Nach Belieben:
1 Cocktailkirsche
1 Zweig Minze

Wie eine leichte Brise

Seabreeze

Im Bild rechts, für 1 Person

Zutaten:

4 cl Wodka
5 cl Preiselbeersaft
5 cl Grapefruitsaft
einige Eiswürfel

Zubereitung:

1. Wodka und Säfte mit einigen Eiswürfeln in einen Shaker geben und gut schütteln.

2. Den Drink durch ein Barsieb in ein zur Hälfte mit Eiswürfeln gefülltes Longdrinkglas abseihen und servieren.

Cosmopolitan

Starverdächtig

Im Bild links, für 1 Person

Zutaten:

4 cl Wodka
2 cl Triple Sec Curaçao
1 cl Limettensaft
einige Eiswürfel
2 cl Preiselbeersaft

Nach Belieben:
1 Scheibe und Schale von 1 Bio-Limette (unbehandelt, ungewachst)

Zubereitung:

1. Wodka, Curaçao und Limettensaft mit einigen Eiswürfeln in einen Shaker geben und kräftig schütteln. Anschließend den Drink durch ein Barsieb in ein zur Hälfte mit Eiswürfeln gefülltes Longdrinkglas abseihen.

2. Preiselbeersaft hinzugießen, sodass der Saft auf den Boden des Glases sinkt. Den Drink nach Belieben mit einer Limettenscheibe und etwas Limettenschale garniert servieren.

Tipp:

Der Cosmopolitan wird etwas süßer, wenn Sie anstelle von 2 cl Preiselbeersaft 1 cl Grenadinesirup verwenden.

Klassisch Caipirinha

Für 1 Person

Zubereitung:

1. Die Limette heiß abwaschen, abtrocknen und achteln. Limettenachtel in einen Tumbler geben. Braunen Zucker und Lime Juice zugeben und alles mit einem Holzstößel gut zerdrücken.

2. Das Glas mit dem Eis auffüllen und den Cachaça darübergießen. Den Drink umrühren und mit den Trinkhalmen servieren.

Tipp:

Cachaça ist ein brasilianischer Zuckerrohrschnaps, der nicht wie Rum aus Melasse, sondern aus frischem Zuckerrohr hergestellt wird.
Köstlich schmeckt auch Cachaça-Cola. Dazu 4 cl Cachaça in ein zur Hälfte mit Eiswürfeln gefülltes Longdrinkglas geben, mit kalter Cola auffüllen und nach Belieben einen Spritzer Limettensaft dazugeben.

Zutaten:

1 Bio-Limette (unbehandelt, ungewachst)
2–3 TL brauner Zucker (Rohrzucker)
2 cl Lime Juice
grob zerstoßenes Eis oder Crushed Ice
5 cl Cachaça

2 kurze, dicke Trinkhalme

Schnell

Für 1 Person

Planter's Punch

Zutaten:

2 cl Zitronen- oder Limettensaft
4 cl Orangensaft
4 cl Maracujanektar
1 cl Grenadinesirup
4 cl brauner Rum
2 cl weißer Rum

einige Eiswürfel

Nach Belieben:
1 Scheibe von 1 Bio-Orange (unbehandelt, ungewachst)
1 Cocktailkirsche
1 Trinkhalm

Zubereitung:

1. Säfte, Nektar, Sirup und Rum mit einigen Eiswürfeln in einen Shaker geben und gut schütteln. Den Drink durch ein Barsieb in ein zur Hälfte mit Eiswürfeln gefülltes Longdrinkglas abseihen.

2. Nach Belieben den Cocktail mit einer Orangenscheibe und der Cocktailkirsche garnieren und mit Trinkhalm servieren.

Nichts für Softies

Long Island Ice Tea

Im Bild vorn, für 1 Person

Zutaten:

einige Eiswürfel
2 cl Wodka
2 cl weißer Rum
2 cl Tequila
2 cl Gin
2 cl Triple Sec Curaçao
3 cl Limetten- oder Zitronensaft
kalte Cola

Nach Belieben:
1 Physalis (Kapstachelbeere)
1 Trinkhalm

Zubereitung:

1. Ein Longdrinkglas zur Hälfte mit Eiswürfeln füllen. Wodka, Rum, Tequila, Gin, Curaçao und Limetten- oder Zitronensaft darübergießen.

2. Das Glas mit Cola auffüllen und den Drink leicht umrühren. Nach Belieben den Drink mit einer Physalis garnieren und mit Trinkhalm servieren.

Kleine Warenkunde:

Triple Sec Curaçao gehört wie der Blue Curaçao zu den Orangenlikören. Triple Sec bedeutet dreifach trocken und es gibt ihn sowohl als klare Variante als auch in verschiedenen Farben.

Für Bond-Girls

Jasmintea Wodka Martini

Im Bild hinten links, für 1 Person

Zutaten:

5 cl Wasser
2 TL loser Jasmintee
5 cl Wodka

1 Olive

Zubereitung:

1. Das Wasser zum Kochen bringen und den Tee damit angießen. Tee 5–6 Minuten ziehen lassen, dann durch ein Sieb abseihen. Die aufgefangene Teeflüssigkeit um etwa die Hälfte einkochen und dann abkühlen lassen.

2. Vom kalten Teesud 2 cl abmessen. Wodka und Teesud in ein mit Eiswürfeln gefülltes Rührglas geben und schnell kalt rühren.

3. Die Zutaten durch ein Barsieb in ein Cocktailglas abseihen, die Olive hineingeben und den Cocktail servieren.

Tipps:

Anstelle der Olive können Sie ein Stück Schale von einer Bio-Zitrone verwenden.
Für den **klassischen Martini** einige Eiswürfel in einen Rührbecher geben. 4 cl Dry Gin und 1 cl trockenen Wermut zufügen, umrühren. Mischung in ein gekühltes, kleines Cocktailglas abseihen und eine Olive hineingeben.

Kleine Warenkunde:

Jasmintee ist ein durch Vermischung mit Jasminblüten aromatisierter Grüntee. Jasminblüten sind duftende Blüten, die dem Jasmintee seinen charakteristischen Duft und Geschmack geben.

Zutaten:

6 Kumquats
½ Bio-Limette (unbehandelt, ungewachst)
2 TL brauner Zucker (Rohrzucker)
2 cl Lime Juice
Crushed Ice
5 cl Cachaça

Exotisch
Kumquats Caipirinha

Für 1 Person

Zubereitung:

1. Kumquats und Limette heiß abwaschen, beides abtrocknen. Die Kumquats halbieren und die Limettenhälfte achteln.

2. Kumquathälften und Limettenachtel in einen Tumbler geben. Braunen Zucker und Lime Juice zugeben und alles mit einem Stößel gut zerdrücken.

3. Anschließend das Glas mit Crushed Ice auffüllen und den Cachaça darüber ins Glas gießen. Alles gut verrühren.

Tipp:

Servieren Sie den Drink mit 2 Trinkhalmen.

Raffiniert

Bombay Crushed

Für 1 Person

Zutaten:

4 Kumquats
2 TL brauner Zucker (Rohrzucker)
4 cl Lime Juice
Crushed Ice
6 cl Gin

Zubereitung:

1. Kumquats heiß abwaschen, abtrocknen und halbieren. Die halbierten Kumquats in einen Tumbler geben, braunen Zucker und Lime Juice hinzugeben. Alles mit einem Stößel gut zerdrücken.

2. Das Glas mit Crushed Ice füllen und den Gin darüber ins Glas gießen. Alles gut verrühren.

Tipp:

Servieren Sie den Cocktail mit einem Trinkhalm.

Einfach lecker

White Russian

Für 1 Person

Zubereitung:

1. Wodka und Kaffeelikör mit einigen Eiswürfeln gut verrühren und durch ein Barsieb in ein kleines, gekühltes Stielglas abseihen.

2. Die geschlagene Sahne vorsichtig auf den Drink geben. Die Sahne während des Trinkens langsam in den Drink sickern lassen oder leicht verrühren.

Tipps:

Der White Russian schmeckt statt mit Sahne auch mit frischer Milch.
Für einen Black Russian einfach die Sahne weglassen.

Zutaten:

4 cl Wodka
2 cl Kaffeelikör
einige Eiswürfel
etwas leicht geschlagene Schlagsahne

Klassisch

Ohne Bild, für 1 Person

Bellini

Zutaten:

1–2 Pfirsiche
kalter, trockener Sekt

Nach Belieben:
etwas Zitronensaft oder Pfirsichlikör

Zubereitung:

1. Pfirsiche kurz in kochendes Wasser legen, dann in kaltem Wasser abschrecken. Pfirsiche enthäuten, das Fruchtfleisch vom Stein lösen und das Fruchtfleisch pürieren.

2. Das Pfirsichmus z. B. in eine Sektschale geben und mit kaltem Sekt langsam aufgießen, dabei leicht umrühren.

3. Nach Belieben kann etwas Zitronensaft oder Pfirsichlikör hinzugegeben werden.

Tipps:

Der Bellini schmeckt besonders gut, wenn man anstelle von Sekt Champagner verwendet.
Wenn es schnell gehen soll, kann das Pfirsichpüree durch Pfirsichnektar ersetzt werden.

Scarlett O'Hara Cocktail

Filmreif

Für 1 Person

Zutaten:

4 cl Whiskey
1 cl Limettensaft
5 cl Cranberry-Saft
einige Eiswürfel
5 cl Ginger Ale

Nach Belieben:
1 Physalis

Zubereitung:

1. Whiskey, Limettensaft, Cranberry-Saft und Eiswürfel in ein Longdrinkglas geben und verrühren.

2. Anschließend Ginger Ale hinzugießen und nochmals vorsichtig umrühren.

3. Nach Belieben die Physalis abspülen, trocken tupfen und am unteren Ende leicht einschneiden. Physalis auf den Glasrand stecken und den Drink servieren.

Tipp:

Den Drink nach Belieben mit einem Trinkhalm servieren.

Zutaten:

4 cl Whiskey
2 cl Amaretto
einige Eiswürfel

Nach Belieben:
1 Cocktailkirsche
1 Holzspießchen

Für die Mädels

Godfather

Für 1 Person

Zubereitung:

1. Für den Drink Whiskey und Amaretto mit einigen Eiswürfeln in ein Longdrinkglas geben und verrühren.

2. Nach Belieben die Cocktailkirsche auf das Holzspießchen stecken und den Drink damit garniert servieren.

Einfach

Mokka Flip

Im Bild vorn, für 1 Person

Zutaten:

5 cl Kaffeelikör
1 cl Schlagsahne
1 frisches Eigelb
einige Eiswürfel
geriebene Muskatnuss

Zubereitung:

1. Kaffeelikör, Sahne und Eigelb mit Eiswürfeln in einen Shaker geben und gut schütteln.

2. Anschließend alles durch ein Barsieb in eine Cocktailschale oder ein Flip-Glas abseihen und etwas Muskat darüberstreuen.

Tipp:

Für einen **Schoko Flip** (Foto hinten) verwenden Sie statt Kaffeelikör Schokoladenlikör.
Für einen **Sherry Flip** (Foto Mitte) bereiten Sie aus 5 cl Sherry medium, 1 cl Zuckersirup, 2 cl Sahne, 1 frischen Eigelb und Eiswürfeln wie in den Punkten 1 und 2 beschrieben einen Flip zu.

Hinweis:

Der typische Flip enthält ein Eigelb. Nur ganz frische Eier verwenden, die nicht älter als 5 Tage sind (Legedatum beachten!). Bereiten Sie den Flip erst kurz vor dem Servieren zu. Den Flip im Kühlschrank aufbewahren und innerhalb von 24 Stunden trinken. Wenn Sie das Eigelb im Flip ersetzen wollen, so verwenden Sie stattdessen 1 cl Sahne.

Beliebt
Aperol Sprizz

Im Bild rechts, für 1 Person

Zutaten:

einige Eiswürfel
4 cl Aperol Bitter
6 cl Prosecco
2 cl Sodawasser

1 Scheibe von 1 Bio-Orange
(unbehandelt, ungewachst)

Zubereitung:

1. Einige Eiswürfel in ein Longdrinkglas geben. Erst den Aperol, dann den Prosecco und zuletzt das Sodawasser hinzugeben, nicht verrühren.

2. Die Orangenscheibe halbieren, in den Drink geben und servieren.

Tipps:

Servieren Sie den Drink mit einem Trinkhalm.
Anstatt Prosecco können Sie auch einen trockenen Weißwein verwenden.

Im Bild links, für 1 Person

Erfrischend
Aperol Sour

Zutaten:

5 cl Aperol Bitter
4 cl Zitronensaft
2 cl Zuckersirup
4 cl Orangensaft
einige Eiswürfel

Nach Belieben:
1 Scheibe von 1 Bio-Orange
(unbehandelt, ungewachst)
1 Cocktailkirsche
1 Holzspießchen

Zubereitung:

1. Die Zutaten für den Drink mit einigen Eiswürfeln in einen Shaker geben und kräftig schütteln.

2. Nach Belieben die Orangenscheibe mit der Cocktailkirsche auf das Holzspießchen stecken. Einige Eiswürfel und das Spießchen in einen Tumbler geben.

3. Den Drink durch ein Barsieb in das vorbereitete Glas abseihen und servieren.

Tipp:

Servieren Sie den Drink nach Belieben mit einem Trinkhalm.

Spritzig

Gin Fizz

Für 1 Person

Zutaten:

5 cl Gin
3 cl Zitronensaft
2 cl Zuckersirup
einige Eiswürfel
Sodawasser

2–3 Scheiben von 1 Bio-Zitrone (unbehandelt, ungewachst)

Zubereitung:

1. Gin mit Zitronensaft, Zuckersirup und einigen Eiswürfeln in einen Shaker geben. Den Drink gut und lange schütteln.

2. Anschließend den Drink durch ein Barsieb in ein zur Hälfte mit Eiswürfeln gefülltes Longdrinkglas abseihen und mit Sodawasser auffüllen.

3. Zitronenscheiben in den Drink geben und servieren.

Kleine Warenkunde:

Als Sodawasser bezeichnet man ein Tafelwasser, dass Kohlensäure und mindestens 570 mg Natriumhydrogencarbonat pro Liter enthält.

Ohne Bild, für 1 Person

Schnell

Gin Gimlet

Zutaten:

4 cl Gin
2 cl Lime Juice
1 Spritzer Limettensaft
einige Eiswürfel

Nach Belieben:
1 Bio-Limette (unbehandelt, ungewachst)

Zubereitung:

1. Gin, Lime Juice und Limettensaft mit einigen Eiswürfeln in einen Shaker geben und kurz schütteln.

2. Den Drink durch ein Barsieb in eine gut gekühlte Cocktailschale abseihen.

3. Nach Belieben die Limette heiß abspülen, abtrocknen und in Viertel schneiden. Limettenviertel in den Drink geben und den Drink servieren.

Kleine Warenkunde:

Gin, eine zumeist farblose Spirituose, wird aus Getreide oder Melasse gebrannt. Gin erhält seinen charakteristischen Geschmack aus der Aromatisierung mit Wacholderbeeren und Gewürzen, wie z. B. Koriander, Anis und Kümmel.

Klassisch

Whiskey Sour

Für 1 Person

Zutaten:

einige Eiswürfel
4 cl Bourbon Whiskey
4 cl Zitronensaft
2 cl Zuckersirup
4 cl Orangensaft

Nach Belieben:
1 Cocktailkirsche
1 Scheibe von 1 Bio-Orange (unbehandelt, ungewachst)
1 Holzspießchen

Zubereitung:

1. Die Eiswürfel in einen Shaker geben. Whiskey, Zitronensaft, Zuckersirup und Orangensaft hinzufügen. Alles kräftig schütteln.

2. Ein Longdrinkglas mit einigen Eiswürfeln füllen und den Drink durch ein Barsieb in das Glas abseihen.

3. Nach Belieben die Cocktailkirsche und Orangenscheibe auf das Holzspießchen stecken und seitlich ins Glas gleiten lassen.

Tipp:

Den Drink mit einem kurzen Trinkhalm servieren.

Einfach lecker
Irish Mink

Ohne Bild, für 1 Person

Zutaten:

4 cl Whiskey
1 cl Triple Sec Curaçao
3 cl Crème de Cacao, braun
6 cl Schlagsahne
einige Eiswürfel

Nach Belieben:
Kakaopulver
1 Trinkhalm

Zubereitung:

1. Whiskey, Curaçao, Crème de Cacao, Schlagsahne und einige Eiswürfel in einen Shaker geben, kräftig schütteln.

2. Ein Longdrinkglas zur Hälfte mit Eiswürfeln füllen und den Drink durch ein Barsieb in das Glas abseihen.

3. Nach Belieben den Drink vor dem Servieren mit Kakaopulver bestäuben und mit einem Trinkhalm servieren.

Nicht nur für Cowboys

Whiskey Smash

Für 1 Person

Zubereitung:

1. Die halbe Zitrone heiß abwaschen, abtrocknen und achteln. Minze abspülen, trocken tupfen und die Blättchen von den Zweigen zupfen.

2. Zitronenachtel und Minzeblättchen in einen Tumbler geben und den Zuckersirup zugeben. Alles mit einem Stößel gut zerdrücken.

3. Anschließend das Glas mit Crushed Ice auffüllen und den Whiskey darüber ins Glas gießen.

Tipps:

Servieren Sie den Drink mit einem kurzen, dicken Trinkhalm und garnieren Sie ihn mit einem Minzezweig.
Der Smash ist, wie der Julep eine eigene Cocktailgruppe. Er schmeckt auch mit Rum, Gin, Wodka oder Tequila sehr gut.

Zutaten:

½ Bio-Zitrone (unbehandelt, ungewachst)
2–3 Zweige Minze
2 cl Zuckersirup
Crushed Ice
4 cl Bourbon Whiskey

Raffiniert

Whiskey Julep

Für 1 Person

Zutaten:

4 Zweige Minze
1 TL Puderzucker
evtl. 2–3 Tropfen Wasser
Crushed Ice
5–6 cl Bourbon Whiskey

Zubereitung:

1. Die Minze abspülen, trocken tupfen und die Blättchen von den Zweigen zupfen.

2. Minzeblättchen mit Puderzucker und evtl. 2–3 Tropfen Wasser in einen Tumbler geben. Alles mit einem Stößel leicht zerdrücken und umrühren.

3. Das Glas zur Hälfte mit Crushed Ice auffüllen. Den Whiskey hinzufügen und gut umrühren. Anschließend das Glas mit Crushed Ice bis zum Rand auffüllen und nochmals vorsichtig umrühren.

Tipps:

Ein Julep ist eine Cocktailgruppe und enthält immer nur Minze, keine Limette, keine Orange.
Nach Belieben ein wenig Wasser zufügen, um den Alkoholgehalt etwas zu reduzieren.

Jägermeister-O

Im Bild vorn, für 1 Person

Ein Klassiker

Zubereitung:

1. Ein Longdrinkglas zur Hälfte mit Eiswürfeln füllen. Jägermeister und Orangensaft darübergießen und umrühren.

2. Nach Belieben die Orangenscheibe auf das Holzspießchen stecken, den Drink damit garnieren und servieren.

Tipps:

Verfeinern Sie Ihren Drink nach Belieben mit 1–2 cl Grenadine, dann nur 10–11 cl Orangensaft verwenden.
Anstelle von Orangensaft schmeckt auch Cola sehr gut.

Zutaten:

einige Eiswürfel
4 cl Jägermeister
12 cl Orangensaft

Nach Belieben:
1 Scheibe von 1 Bio-Orange (unbehandelt, ungewachst)
1 Holzspießchen

Jägermeister-Energy

Im Bild hinten, für 1 Person

Weckt die Lebensgeister

Zutaten:

einige Eiswürfel
3 cl Jägermeister
2 cl Zitronensaft
½ Dose oder Flasche Energy Drink

Nach Belieben:
1 Scheibe von 1 Bio-Zitrone (unbehandelt, ungewachst)

Zubereitung:

1. Ein Longdrinkglas zur Hälfte mit Eiswürfeln füllen. Jägermeister und Zitronensaft dazugeben und gut umrühren.

2. Den Energy Drink hinzugießen. Nach Belieben den Drink mit einer Zitronenscheibe garnieren und servieren.

Tipp:

Nach Belieben können Sie den Zitronensaft weglassen.

Zutaten:

einige Eiswürfel
4 cl Wodka
12 cl Cranberry-Saft

1 Trinkhalm

Nach Belieben:
3–4 Cranberrys
1 Holzspießchen

Fruchtig

Wodka-Cranberry

Im Bild rechts, für 1 Person

Zubereitung:

1. Ein Longdrinkglas zur Hälfte mit Eiswürfeln füllen. Wodka und Cranberry-Saft dazugeben und gut umrühren.

2. Nach Belieben die Cranberrys auf das Holzspießchen stecken und den Drink damit garnieren.

Tipps:

Dieser Drink schmeckt auch mit anderen Säften, z. B. Orangen- oder Kirschsaft.
Den Drink mit einem Trinkhalm servieren.

Klassisch

Wodka-Lemon

Im Bild links, für 1 Person

Zubereitung:

1. Ein Longdrinkglas zur Hälfte mit Eiswürfeln füllen. Wodka und Zitronensaft dazugeben und gut umrühren.

2. Bitter Lemon hinzugießen. Nach Belieben die Zitronenscheibe vierteln, Zitronenviertel in den Drink geben und mit Trinkhalmen servieren.

Tipp:

Anstelle von Bitter Lemon können Sie auch Tonic Water, Zitronen- oder Orangenlimonade oder Eistee verwenden.

Zutaten:

einige Eiswürfel
4 cl Wodka
2 cl Zitronensaft
8–10 cl Bitter Lemon

Nach Belieben:
1 Scheibe von 1 Bio-Zitrone (unbehandelt, ungewachst)
2 Trinkhalme

Fruchtig frisch
Ipanema
Im Bild links, für 1 Person

Zutaten:
1 Bio-Limette (unbehandelt, ungewachst)
2 cl Lime Juice
2 TL brauner Zucker (Rohrzucker)
Crushed Ice oder grob zerstoßenes Eis
Ginger Ale

frische Minze

Nach Belieben:
1 Trinkhalm

Zubereitung:
1. Die Limette heiß abwaschen, abtrocknen und in Achtel schneiden. Limettenachtel in ein Glas geben und Lime Juice hinzugeben. Die Limettenstücke mit einem Stößel darin zerdrücken, dann braunen Zucker darüberstreuen.

2. Eis hinzugeben und das Glas mit Ginger Ale auffüllen. Den Drink umrühren, mit Minze garnieren und nach Belieben mit Trinkhalm servieren.

Erfrischend
Tizian
Im Bild rechts, für 1 Person

Zutaten:
10 cl kalter roter Traubensaft
10 cl kalter alkoholfreier Sekt
einige Eiswürfel

Nach Belieben:
einige rote Trauben
1 Holzspießchen

Zubereitung:
1. Traubensaft in ein zur Hälfte mit Eiswürfeln gefülltes Longdrinkglas geben und den Sekt hinzugießen.

2. Nach Belieben Trauben abspülen, abtropfen lassen und auf das Holzspießchen stecken. Das Glas mit den Trauben verzieren und den Drink servieren.

Tipp:
Nach Belieben können Sie den alkoholfreien Sekt durch normalen Sekt oder Prosecco ersetzen.

Strawberry Flip
Fruchtig

Für 1 Person

Zutaten:

75 g Erdbeeren
Saft von ½ Zitrone
25 g Puderzucker
grob zerstoßenes Eis
oder Crushed Ice
kaltes Mineralwasser

Nach Belieben:
1 Scheibe von 1 Bio-Zitrone
(unbehandelt, ungewachst)
1 Trinkhalm

Zubereitung:

1. Erdbeeren abspülen, trocken tupfen und entstielen. Erdbeeren mit Zitronensaft und Puderzucker pürieren.

2. Ein hohes Glas zur Hälfte mit zerstoßenem Eis oder Crushed Ice füllen. Das Erdbeerpüree einfüllen und mit Mineralwasser auffüllen.

3. Die Zutaten vorsichtig verrühren. Nach Belieben die Zitronenscheibe etwas einschneiden und den Glasrand damit verzieren. Den Flip mit Trinkhalm servieren.

Mandel Flip
Einfach lecker

Ohne Bild, für 2–4 Personen

Zubereitung:

1. Mandeln, Vanillin-Zucker, Zucker, Eigelb und Milch pürieren und in mittelgroße Gläser füllen.

2. Auf jedes Glas einen Sahnetupfer geben und nach Belieben mit der Schokoladensauce verzieren.

Hinweis:

Nur ganz frische Eier verwenden, die nicht älter als 5 Tage sind (Legedatum beachten!). Mandel Flip im Kühlschrank aufbewahren und innerhalb von 24 Stunden trinken.

Zutaten:

100 g gehackte Mandeln
1 Pck. Dr. Oetker Vanillin-Zucker
3 EL Zucker
2 Eigelb
375 ml (3/8 l) Milch
4 EL geschlagene Schlagsahne oder Sprühsahne

Nach Belieben:
Schokoladensauce

Raffiniert

Virgin Piña Colada

Im Bild rechts, für 1 Person

Zubereitung:

1. Havana Bar Sirup mit Kokossirup, Ananassaft, Schlagsahne und einigen Eiswürfeln in einen Shaker geben und kräftig schütteln.

2. Den Drink durch ein Barsieb in ein zur Hälfte mit Eiswürfeln gefülltes Longdrink- oder Fancyglas abseihen.

3. Nach Belieben Ananasstück und Cocktailkirsche auf das Holzspießchen stecken und den Glasrand damit verzieren. Den Cocktail mit Trinkhalm servieren.

Tipp:

Sie können den Bar Sirup durch 1–2 Tropfen Rum-Aroma und Zuckersirup ersetzen.

Zutaten:

4 cl Havana Bar Sirup (alkoholfreier Sirup mit Rum-Geschmack)
2 cl Kokossirup
8 cl Ananassaft
6 cl Schlagsahne
einige Eiswürfel

Nach Belieben:
1 Ananasstück
1 Cocktailkirsche
1 Holzspießchen
1 Trinkhalm

Beliebt

Coco Choco

Im Bild links, für 1 Person

Zutaten:

2 cl dunkler Schokoladensirup
4 cl Cream of Coconut (Kokosnusscreme)
10 cl kalte Milch
einige Eiswürfel

Nach Belieben:
1 Trinkhalm

Zubereitung:

1. Sirup mit Kokosnusscreme, Milch und einigen Eiswürfeln in einem Elektromixer kräftig mixen.

2. Den Drink durch ein Barsieb in ein großes Longdrinkglas mit einigen Eiswürfeln abseihen und nach Belieben den Cocktail mit Trinkhalm servieren.

Kleine Warenkunde:

Cream of Coconut ist eine dickflüssige Kokosnusscreme aus Kokosnussfleisch, Rohrzucker und Wasser. Verwendung findet sie überwiegend bei der Herstellung von Cocktails.

Krokodil

Für 1 Person

Raffiniert

Zutaten:

1 TL loser, grüner Tee
100 ml Wasser
1 Bio-Limette (unbehandelt, ungewachst)
2 cl Ananassaft
2 cl grüner Pfefferminzsirup
1 cl Zitronensaft

Zubereitung:

1. Tee nach Packungsanleitung mit heißem Wasser übergießen und 3–5 Minuten ziehen lassen. Anschließend durch ein Sieb abseihen und die aufgefangene Flüssigkeit kalt stellen.

2. In der Zwischenzeit den oberen Rand einer Cocktailschale mit Zitronensaft anfeuchten. Etwas feinen Zucker auf einem Teller verteilen und das Glas darin drehen, sodass der Glasrand eine „Crusta" erhält.

3. Limette heiß abspülen, abtrocknen und die Schale in Zesten abschneiden. Den erkalteten Tee mit Ananassaft, Pfefferminzsirup und Zitronensaft mischen. Den Drink in das vorbereitete Glas füllen und mit den Limettenzesten garniert servieren.

Cool down

Spritzig

Ohne Bild, für 1 Person

Zubereitung:

1. Auf jeweils eine Untertasse etwas Grenadinesirup und etwas Zucker geben. Den Rand einer Sektschale zuerst in Grenadinesirup, dann in Zucker drehen.

2. Pfefferminzsirup, Limetten- und Ananassaft mit einigen Eiswürfeln in einen Shaker geben und kräftig schütteln. Die vorbereitete Sektschale zur Hälfte mit zerstoßenem Eis oder Crushed Ice füllen. Den Drink durch ein Barsieb in das vorbereitete Glas abseihen und mit Mineralwasser auffüllen.

Tipp:

Kohlensäurehaltige Getränke sollten immer zum Schluss in den Drink gegeben und nie mit geschüttelt werden.

Zutaten:

Grenadinesirup
Zucker
1 cl Pfefferminzsirup
Saft von 1 Limette
4 cl Ananassaft
einige Eiswürfel
grob zerstoßenes Eis oder Crushed Ice
kaltes Mineralwasser

Tut und schmeckt gut

Waldfreude

Für 1 Person

Zutaten:

75 g Waldbeeren (z. B. Erdbeeren, Himbeeren, Brombeeren)
einige Eiswürfel
15 cl fermentierter Kräutertee (Kombucha)
frische Minze
1 Erdbeere mit Grün

Nach Belieben:
1 Trinkhalm

Zubereitung:

1. Die Waldbeeren verlesen, abspülen, abtropfen lassen und pürieren. Das Beerenpüree in ein Longdrinkglas geben, einige Eiswürfel hinzugeben und mit dem Kräutertee auffüllen.

2. Den Drink vorsichtig umrühren. Die Erdbeere abspülen und trocken tupfen. Den Glasrand mit der Minze und der Erdbeere verzieren. Den Cocktail nach Belieben mit Trinkhalm servieren.

Kleine Warenkunde:

Kombucha wird aus gesüßtem Tee mithilfe des sogenannten Teepilzes, der eine leichte Gärung des Tees auslöst, hergestellt. Das Getränk schmeckt säuerlich, apfelweinartig und ihm werden vitalisierende, generell krankheitsvorbeugende Eigenschaften nachgesagt, die allerdings wissenschaftlich nicht belegt sind.

Erfrischend

Rotkäppchen

Ohne Bild, für 4 Personen

Zutaten:

5–6 TL loser Hagebuttentee
1 l Wasser
100 ml ungesüßter Erdbeersaft
2–3 EL milder, flüssiger Honig
Eiswürfel

Nach Belieben:
1 Trinkhalm

Zubereitung:

1. Den Hagebuttentee nach Packungsanleitung mit kochendem Wasser aufgießen und etwa 5 Minuten ziehen lassen. Anschließend den Tee durch ein Sieb abseihen. Die aufgefangende Flüssigkeit abkühlen lassen und in den Kühlschrank stellen.

2. Den kalten Tee mit Erdbeersaft und Honig verrühren. Jeweils einige Eiswürfel in 4 Longdrinkgläser geben, den Drink dazugeben und nach Belieben mit Trinkhalm servieren.

Für 1 Person

Happy Bee

Macht glücklich

Zutaten:

50 g Himbeeren
7 cl kalte Orangen-Buttermilch
10 cl kalter Maracujanektar

Zubereitung:

1. Himbeeren verlesen, evtl. abspülen und trocken tupfen. Himbeeren mit der Orangen-Buttermilch pürieren.

2. Maracujanektar hinzugeben und kurz verrühren. Den Drink in eine Cocktailschale füllen, dabei evtl. durch ein Sieb streichen, um die Kerne zu entfernen.

Tipps:

Der Drink schmeckt auch mit Zitronen-Buttermilch. Garnieren Sie den Drink nach Belieben mit einem Stück Orange.

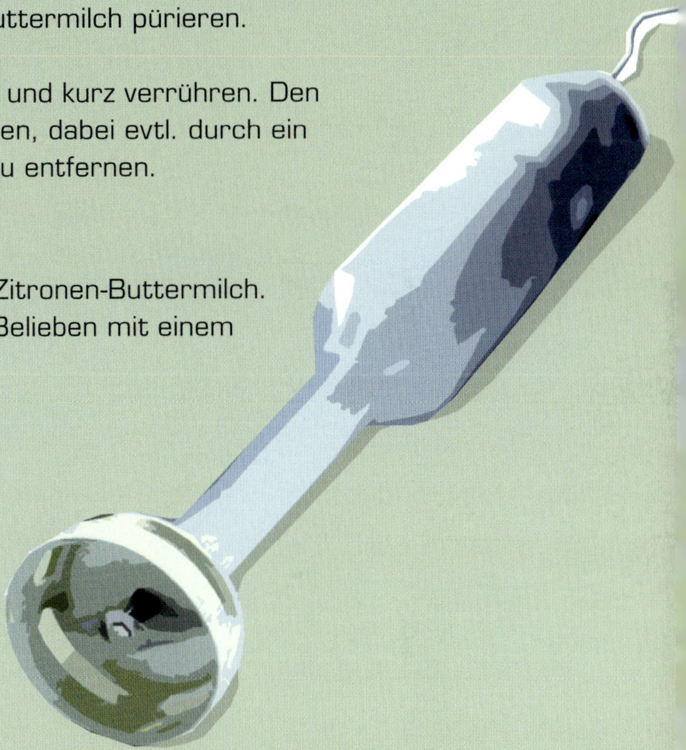

Big Apple

Spritzig

Ohne Bild, für 1 Person

Zubereitung:

1. Grenadinesirup mit Apfelsaft und Eiswürfeln in einen Shaker geben und gut schütteln. Von den Miniäpfeln 1 Apfel in ein Longdrinkglas geben.

2. Den Drink darübergießen und mit Mineralwasser auffüllen. Das Glas mit dem zweiten Miniapfel garnieren und den Drink servieren.

Zutaten:

2 cl Grenadinesirup
6 cl Apfelsaft
3 Eiswürfel
2 Miniäpfel (aus der Dose)
kaltes Mineralwasser
mit Kohlensäure

Im Bild links, für 1 Person

Raffiniert

Pussy Cat

Zutaten:

2 cl Grenadinesirup
4 cl Orangensaft
4 cl Ananassaft
einige Eiswürfel
10 cl kalter alkoholfreier Sekt

Nach Belieben:
1 Scheibe von 1 Bio-Orange (unbehandelt, ungewachst)

Zubereitung:

1. Grenadinesirup mit den Säften in ein zur Hälfte mit Eiswürfeln gefülltes Longdrinkglas geben und gut verrühren.

2. Sekt hinzugießen und den Drink nach Belieben mit der Orangenscheibe garniert servieren.

Kleine Warenkunde:

Grenadinesirup ist ein tiefroter Fruchtsirup aus Granatapfelsaft, der geschmacklich meist mit anderen roten Fruchtsäften abgerundet wird. Er wird für viele Drinks verwendet, gibt ihnen eine intensive Färbung und ein süßsaures Aroma.

Erfrischend fruchtig

Mango Lady

Im Bild rechts, für 1 Person

Zutaten:

2 cl Mangosirup
8 cl Orangensaft
einige Eiswürfel
10 cl kaltes Bitter Lemon

Nach Belieben:
1 Stück frische Mango
1 Trinkhalm

Zubereitung:

1. Sirup und Saft in ein zur Hälfte mit Eiswürfeln gefülltes Longdrinkglas geben und die Zutaten gut verrühren.

2. Alles mit Bitter Lemon auffüllen. Nach Belieben das Mangostück an den Glasrand geben und den Drink mit einem Trinkhalm servieren.

Korallenriff

Erfrischend

Im Bild links, für 1 Person

Zutaten:

2 cl Blue Curaçao Sirup
(alkoholfreier Sirup)
2 cl Grapefruitsaft
8 cl Ananassaft
6 cl Maracujanektar
einige Eiswürfel

Nach Belieben:
1 Ananasstück
1 Cocktailkirsche
1 Holzspießchen
1 Trinkhalm

Zubereitung:

1. Sirup mit Säften und einigen Eiswürfeln in einen Shaker geben und kräftig schütteln. Den Drink durch ein Barsieb in ein zur Hälfte mit Eiswürfeln gefülltes Longdrinkglas abseihen.

2. Nach Belieben Ananas und Cocktailkirsche auf das Holzspießchen stecken, den Glasrand damit verzieren und den Cocktail mit Trinkhalm servieren.

Tipp:

Blue Curaçao Sirup ist die alkoholfreie Variante des Likörs Blue Curaçao. Nach Belieben können Sie die alkoholfreie Variante durch den Likör ersetzen.

Beliebt

Cooler

Im Bild rechts, für 1 Person

Zutaten:

1 Kugel Vanilleeis
10 cl stilles Mineralwasser
15 cl Orangensaft
5 cl Ananassaft
2–3 Eiswürfel

Nach Belieben:
1 Ananasstück
1 Trinkhalm

Zubereitung:

1. Eis mit Mineralwasser, Orangensaft und Ananassaft in einem Elektromixer gut durchmixen.

2. In ein Longdrinkglas 2–3 Eiswürfel geben und den Drink durch ein Barsieb in das Glas abseihen. Nach Belieben das Glas mit dem Ananasstück verzieren und den Drink mit Trinkhalm servieren.

Für laue Sommerabende

Heidelbeerlimonade

Für 6–8 Gläser

Zutaten:

8 EL Heidelbeeren
etwas Limettensaft
1 l Ginger Ale
1 l Bitter Lemon
einige Eiswürfel

Nach Belieben:
je 1 Bio-Limette und -Zitrone
(unbehandelt, ungewachst)
Holzspießchen

Zubereitung:

1. Die Heidelbeeren abspülen und abtropfen lassen. Die Hälfte der Beeren mit etwas Limettensaft pürieren, die restlichen Beeren beiseitelegen.

2. Das Püree durch ein Sieb streichen und mit dem Ginger Ale und Bitter Lemon in einen Glaskrug geben.

3. Je 3–4 Eiswürfel in ein Longdrinkglas geben und mit der Heidelbeerlimonade auffüllen. Die beiseitegelegten Beeren hinzufügen.

4. Nach Belieben Zitrone und Limette heiß abwaschen, abtrocknen und jeweils in Scheiben schneiden. Je 1 Zitronen- und Limettenscheibe auf 1 Holzspießchen stecken und die Gläser damit garniert servieren.

Arabische Nächte

Ohne Bild, für 4–6 Gläser

Erfrischend

Zubereitung:

1. Die Minzeblättchen abspülen und trocken tupfen. Die Blättchen in einer Schüssel zerdrücken. Zitronensaft, heißes Wasser und Johannisbeergelee hinzugeben und umrühren, bis sich das Gelee aufgelöst hat. Die Mischung erkalten lassen.

2. Mischung durch ein Sieb in ein hohes Gefäß oder in eine Karaffe mit Eiswürfeln füllen. Orangensaft und Ginger Ale zugießen und verrühren.

3. Das Getränk in Gläser gießen. Nach Belieben die Orange heiß abwaschen, abtrocknen und in Scheiben schneiden. Die Glasränder mit abgespülten, trocken getupften Minzeblättchen und den Orangenscheiben garnieren.

Kleine Warenkunde:

Ginger Ale ist eine Ingwerlimonade, die mit Hopfen gewürzt ist.

Zutaten:

8 Minzeblättchen
125 ml (1/8 l) Zitronensaft
250 ml (1/4 l) heißes Wasser
250 g Johannisbeergelee
einige Eiswürfel
375 ml (3/8 l) kalter Orangensaft
700 ml kaltes Ginger Ale

Nach Belieben:
einige Minzeblättchen
1 Bio-Orange
(unbehandelt, ungewachst)

Erfrischend fruchtig

Im Bild vorn und hinten links, für 4 Gläser

Zitronenlimonade

Zutaten:

1 l stilles Mineralwasser
100–150 g Zucker
1 Prise Salz
50–60 ml Zitronensaft

Zubereitung:

1. Wasser, Zucker und Salz in einem Topf unter Rühren zum Kochen bringen.

2. Anschließend die Mischung abkühlen lassen und nach Belieben in einen Glaskrug füllen. Die Mischung etwa 2 Stunden mit Frischhaltefolie zugedeckt in den Kühlschrank stellen.

3. Anschließend den Zitronensaft zugeben und umrühren.

Tipps:

Servieren Sie die Limonade in Gläsern mit viel Eis.
Dieses Rezept können Sie als Grundrezept für verschiedene Limonaden verwenden.
Das Salz verhindert, dass die Limonade bitter schmeckt.
Je nach Geschmack geben Sie mehr Zucker oder Zitronensaft hinzu.

Orangenlimonade

Im Bild rechts, für 4 Gläser

Erfrischend

Zutaten:

1 l stilles Mineralwasser
100–150 g Zucker
1 Prise Salz
10–20 ml Zitronensaft
50 ml Orangensaft

Zubereitung:

1. Wasser, Zucker und Salz in einem Topf unter Rühren zum Kochen bringen.

2. Anschließend die Mischung abkühlen lassen und nach Belieben in einen Glaskrug füllen. Die Mischung etwa 2 Stunden mit Frischhaltefolie zugedeckt in den Kühlschrank stellen.

3. Anschließend Zitronen- und Orangensaft zugeben und umrühren.

Tipp:

Servieren Sie die Limonade in Gläsern mit viel Eis.
Garnieren Sie die Gläser nach Belieben mit Orangenscheiben.

Zutaten:

1 l stilles Mineralwasser
100–150 g Zucker
1 Prise Salz
10–20 ml Zitronensaft
50 ml Grenadine Sirup

Zubereitung:

1. Wasser, Zucker und Salz in einem Topf unter Rühren zum Kochen bringen.

2. Anschließend die Mischung abkühlen lassen und nach Belieben in einen Glaskrug füllen. Die Mischung etwa 2 Stunden mit Frischhaltefolie zugedeckt in den Kühlschrank stellen.

3. Anschließend Zitronensaft und die Grenadine unterrühren.

Tipps:

Servieren Sie die Limonade nach Belieben in Gläsern mit viel Eis, mit Trinkhalmen und Physalis garniert.
Sie können die Limonade nach Belieben in einer gründlich gereinigten, verschließbaren Flasche etwa 3 Tage aufbewahren.

Im Bild vorn rechts, für 4 Gläser

Ingwerlimonade

Erfrischend würzig

Zutaten:

25 g Ingwerwurzel
1 l stilles Mineralwasser
100–150 g Zucker
1 Prise Salz
50 ml Zitronensaft

Zubereitung:

1. Ingwerwurzel schälen und in Scheiben schneiden. Ingwerscheiben mit Wasser, Zucker und Salz in einem Topf unter Rühren zum Kochen bringen.

2. Anschließend die Mischung abkühlen lassen und nach Belieben durch ein Sieb in einen Glaskrug füllen. Die Mischung etwa 2 Stunden mit Frischhaltefolie zugedeckt in den Kühlschrank stellen.

3. Anschließend den Zitronensaft zugeben und umrühren.

Tipp:

Servieren Sie die Limonade nach Belieben in Gläsern mit viel Eis, Trinkhalmen und den Ingwerscheiben.

Pink Limonade

Im Bild links, für 4 Gläser

Pretty in Pink

Für 8 Gläser

Caipirinha-Bowle

Für laue Sommernächte

Zubereitung:

1. Von den Limetten 7–8 Stück heiß abspülen, abtrocknen und achteln. Limettenachtel in ein Bowlengefäß geben und mit dem Zucker vermengen. Mit einem Holzstößel die Limetten zerdrücken, sodass der Saft austritt. Cachaça dazugießen, umrühren und das Gefäß in den Kühlschrank stellen.

2. Melone halbieren und die Kerne mit einem Löffel herausschaben. Die Melone schälen und das Fruchtfleisch in kleine Würfel schneiden oder mit einem Kugelausstecher ausstechen. Melonenwürfel oder -kugeln ebenfalls in das Bowlengefäß geben. Die Mischung etwa 2 Stunden mit Frischhaltfolie zugedeckt in den Kühlschrank stellen.

3. Kurz vor dem Servieren die letzten beiden Limetten so schälen, dass die weiße Haut mitentfernt wird. Die Limetten vierteln, dann in Scheiben schneiden. Limettenscheiben, Mineralwasser, Sekt und Eiswürfel zur Mischung geben. Die Bowle zum Servieren in Gläser gießen, mit Löffeln und Trinkhalmen servieren.

Tipp:

Anstelle von Limettenscheiben die beiden letzten Limetten zu Beginn auspressen und den Saft mit 150 ml Mineralwasser vermischen. Die Mischung in Eiswürfelbehälter füllen und zum Servieren anstelle der Wassereiswürfel in die Bowle geben.

Altbier-Bowle

Klassisch

Ohne Bild, für 8–10 Gläser

Zutaten:

2 Bund Minze
250 ml (¼ l) Whiskey
3 l sehr kaltes Altbier
150 g Zucker
2 Karambolen (Sternfrüchte)
250 ml (¼ l) Grapefruitsaft

Zubereitung:

1. Minze abspülen, abtropfen lassen und in ein Bowlengefäß geben. Minze mit Whiskey übergießen und etwa 1 Stunde ziehen lassen.

2. Anschließend den Ansatz durch ein Sieb gießen und die Flüssigkeit zurück in das Bowlengefäß geben. Altbier und Zucker zugeben, umrühren und etwa 30 Minuten mit Frischhaltefolie zugedeckt in den Kühlschrank stellen.

3. Inzwischen Karambolen abspülen, abtrocknen und die Enden abschneiden. Die Früchte in Scheiben schneiden und in die Bowle geben. Grapefruitsaft hinzugeben, umrühren und die Bowle servieren.

Tipp:

Nach Belieben können Sie als Dekoration frische Minzeblätter und Karambolescheiben verwenden. Da die Karambolescheiben schnell bräunlich werden, die Scheiben mit etwas Zitronensaft beträufeln.

Zutaten:

9–10 Bio-Limetten (unbehandelt, ungewachst)
250 g brauner Zucker (Rohrzucker)
250 ml (¼ l) Cachaça
1 kleine Galia-Melone
1,4 l kaltes Mineralwasser
1,5 l kalter trockener Sekt
einige Eiswürfel

Erdbeer-Bowle

Einfach lecker

Für 8–10 Gläser

Zutaten:

500 g Erdbeeren
2–3 EL Zucker
1 Flasche (0,7 l) kalter trockener Weißwein
2 Flaschen (je 0,7 l) kalter trockener oder halbtrockener Sekt

Zubereitung:

1. Erdbeeren abspülen, trocken tupfen und entstielen. Erdbeeren halbieren oder vierteln.

2. Erdbeeren in ein großes Bowlengefäß (3–4 l Inhalt) geben und mit dem Zucker bestreuen.

3. Etwas Wein darübergießen, umrühren und den Bowleansatz etwa 1 Stunde mit Frischhaltefolie zugedeckt im Kühlschrank durchziehen lassen.

4. Anschließend den restlichen Wein und den Sekt dazugießen, die Bowle vorsichtig umrühren. Die Bowle nach Belieben zum Servieren in Bowlegläser füllen und Löffel oder Spießchen dazureichen.

Schnelle Ananas-Bowle

Fruchtig

Ohne Bild, für 8–10 Gläser

Zubereitung:

1. Ananasstücke mit Saft in ein Bowlengefäß geben.

2. Wein dazugießen, kurz umrühren und die Bowle bis kurz vor dem Servieren mit Frischhaltefolie zugedeckt in den Kühlschrank stellen.

3. Vor dem Servieren Sekt hinzufügen und die Bowle nochmals vorsichtig umrühren.

Tipp: Verfeinern Sie die Bowle nach Belieben mit 100 ml weißem Rum.

Zutaten:

1 Dose Ananasstücke (Abtropfgewicht 500 g)
2 Flaschen (je 0,7 l) kalter Weißwein
1 Flasche (0,7 l) kalter trockener Sekt

Exotisch

Karibik-Bowle

Für 2 Gläser

Zutaten:

1 Dose Guaven (Abtropfgewicht 470 g)
3 Kumquats
1 EL flüssiger Honig
Saft von 1 Zitrone
500 ml (½ l) kalte Kräuterlimonade

einige Zitronenmelisseblättchen

Zubereitung:

1. Guaven in einem Sieb abtropfen lassen. Die abgetropften Früchte in dünne Scheiben schneiden.

2. Kumquats heiß abwaschen und abtrocknen. Kumquats halbieren, evtl. entkernen und in dünne Scheiben schneiden.

3. Beide Zutaten in ein Bowlengefäß geben und mit Honig, Zitronensaft und Kräuterlimonade verrühren.

4. Kurz vor dem Servieren Zitronenmelisseblättchen abspülen und trocken tupfen. Die Bowle mit den Zitronenmelisseblättchen garniert servieren.

Summer Cup

Ohne Bild, für 8–10 Gläser

Erfrischend

Zutaten:

300 g Erdbeeren
5 Aprikosen
5 Pfirsiche
8 cl Zuckersirup
Saft von 4 Zitronen
Saft von 4 Orangen
1 l kaltes Ginger Ale
2 Flaschen (je 0,7 l) kaltes Mineralwasser mit Kohlensäure

Zubereitung:

1. Erdbeeren abspülen, abtropfen lassen und entstielen. Erdbeeren in Scheiben schneiden. Aprikosen und Pfirsiche abspülen, abtropfen lassen und halbieren. Beide Obstsorten entsteinen und in Scheiben schneiden.

2. Die vorbereiteten Früchte in einem Bowlengefäß mit Zuckersirup, Zitronen- und Orangensaft ansetzen. Den Bowleansatz unter gelegentlichem Rühren etwa 2 Stunden im Kühlschrank ziehen lassen.

3. Vor dem Servieren die Bowle mit Ginger Ale und Mineralwasser aufgießen.

Tipp:

Anstelle die Zitronen und Orangen selbst auszupressen, können Sie 150–160 ml gekauften Zitronensaft und 360–400 ml Orangensaft verwenden.

Im Bild oben, für 4 Gläser

Schorle-Morle

Retro

Zubereitung:

1. Zitrone heiß abwaschen und abtrocknen. Zitronenschale spiralförmig abschälen und in Stücke schneiden. Die Glasränder damit verzieren.

2. Zitrone in dünne Scheiben schneiden, vierteln und in ein Bowlengefäß geben. Zucker hinzugeben. Wein und Mineralwasser hinzugießen, umrühren.

3. Die Bowle vor dem Servieren in die vorbereiteten Gläser geben und nach Belieben mit Eiswürfeln servieren.

Zutaten:

1 Bio-Zitrone (unbehandelt, ungewachst)
1–2 EL feiner Zucker
1 Flasche (0,7 l) kalter Weißwein
1 Flasche (0,7 l) kaltes Mineralwasser mit Kohlensäure

Nach Belieben:
einige Eiswürfel

Im Bild unten, für 8–10 Gläser

Rosen-Bowle

Etwas Besonderes

Zubereitung:

1. Blütenblätter abzupfen, vorsichtig abspülen und trocken tupfen. Blütenblätter in ein Bowlengefäß geben und den Zucker hinzugeben.

2. Von dem Wein 1 Liter hinzugießen und vorsichtig umrühren. Den Bowleansatz mit Frischhaltefolie zugedeckt etwa 1 Stunde in den Kühlschrank stellen.

3. Vor dem Servieren den restlichen Wein und Sekt hinzugeben.

Tipp:

Die Bowle nach Belieben in Bowlengläsern mit einigen Rosenblüten servieren.

Zutaten:

5 süß duftende rote oder rosa Rosen (ungespritzt, Bio-Qualität)
2 EL Zucker
3 Flaschen (je 0,7 l) kalter, trockener Weißwein
1 Flasche (0,7 l) kalter, trockener oder halbtrockener Sekt

Glögg Wärmt an kalten Tagen

Für 6 Personen

Zubereitung:

1. Die Korinthen mit heißem Wasser übergießen und beiseitestellen.

2. Rotwein, Cognac, Orangenschale, Gewürze und Zucker in einen Topf geben und bei schwacher Hitze etwa 15 Minuten ziehen lassen. Dann den Glögg durch ein Sieb gießen, die Flüssigkeit dabei auffangen.

3. Die Korinthen abtropfen lassen. Korinthen mit den Mandeln in Gläser geben, mit dem heißen Glögg auffüllen und servieren.

Kleine Warenkunde:

Glögg ist die skandinavische Variante zu unserem Glühwein. Glögg besteht meist aus Rotwein, Korn, Wodka oder Cognac und wird mit Gewürzen, wie Zimt und Ingwer verfeinert.

Ganz klassisch Glühwein

Ohne Bild, für 4–6 Personen

Zutaten:

je 1 Bio-Zitrone und -Orange (unbehandelt, ungewachst)
1 ½ l Rotwein
150–200 g Zucker
2 Zimtstangen
6 Gewürznelken

Zubereitung:

1. Zitrone und Orange heiß abwaschen und abtrocknen. Von der Zitrone die Schale dünn abreiben, die Orange in Scheiben schneiden.

2. Den Rotwein mit Zucker, Zimtstangen, Gewürznelken und Zitronenschale in einem Topf langsam erhitzen, aber nicht kochen lassen.

3. Den Glühwein durch ein Sieb geben, die Flüssigkeit dabei auffangen. Die Orangenscheiben in Tassen geben, den Glühwein darübergießen und servieren.

Tipp:

Für einen französischen Glühwein 1 ½ l Bordeauxwein mit 250 g Zucker, ½ Esslöffel gemahlenem Zimt, 2 Muskatblüten und 2 Lorbeerblättern wie im Rezept beschrieben zubereiten.

Zutaten:

100 g Korinthen
heißes Wasser
2 l Rotwein
500 ml (½ l) Cognac
abgeriebene Schale von 2 Bio-Orangen (unbehandelt, ungewachst)
3 Muskatblüten
1 Zimtstange
2 Gewürznelken
1–2 TL gemahlener Ingwer
250–300 g Zucker
100 g abgezogene Mandeln

Beliebt

Feuerzangen-Bowle

Für 6 Personen

Zubereitung:

1. Die Orange heiß abwaschen und abtrocknen. Von der Orange die Schale dünn abreiben.

2. Die Gewürznelken mit der Orangenschale in einen Teebeutel geben. Rotwein erhitzen, nicht kochen lassen und auf einem Rechaud oder Stövchen heiß halten. Den Teebeutel hineingeben und einige Minuten ziehen lassen.

3. Dann den Teebeutel herausnehmen. Den Zuckerhut auf einer Feuerzange über den Topf legen. Den Rum nach und nach mit einer Schöpfkelle über den Zuckerhut laufen lassen.

4. Nach dem Übergießen des Zuckerhutes mit Rum den Zuckerhut anzünden. Den Zucker restlos in die Bowle tropfen lassen und die Bowle heiß servieren.

Tipp:

Garnieren Sie die Gläser nach Belieben mit Orangenschalenspiralen.

Raffiniert

Roter Löwe

Ohne Bild, für 4 Personen

Zubereitung:

1. Die Orange heiß abwaschen, abtrocknen und die Schale als dünne Spirale abschälen. Die Orange halbieren und den Saft auspressen.

2. Den Orangensaft mit Zucker, schwarzem Tee, Rotwein und gemahlenen Gewürznelken in einem Topf erhitzen, nicht kochen lassen.

3. Dann den Johannisbeerlikör hinzugeben und miterwärmen, aber nicht aufkochen. Die Orangenschale in 4 Stücke teilen. Das Getränk in hitzebeständige Gläser oder Tassen füllen. Je ein Stück Orangenschale hineingeben und servieren.

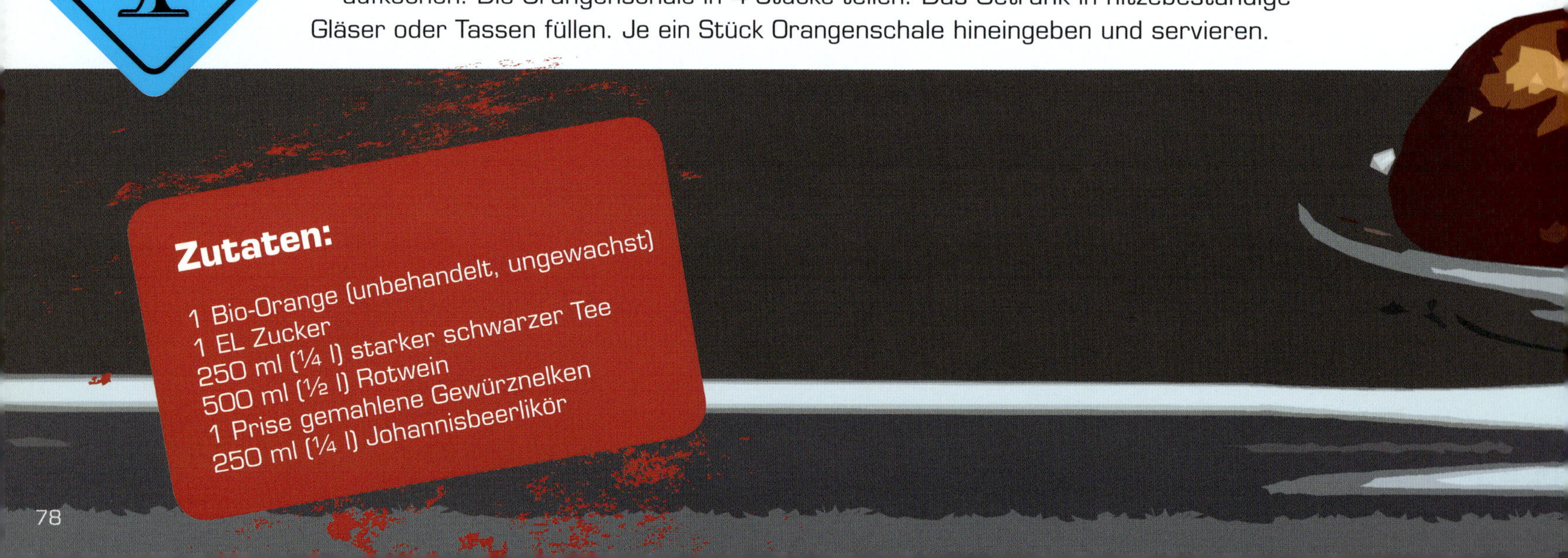

Zutaten:

1 Bio-Orange (unbehandelt, ungewachst)
1 EL Zucker
250 ml (¼ l) starker schwarzer Tee
500 ml (½ l) Rotwein
1 Prise gemahlene Gewürznelken
250 ml (¼ l) Johannisbeerlikör

Zutaten:

1 Bio-Orange (unbehandelt, ungewachst)
5 Gewürznelken
2 Flaschen (je 0,7 l) Rotwein
1 kleiner Zuckerhut (250 g)
250 ml (¼ l) Rum (mind. 54 Vol. %)

Spanische Schokolade

Für 2–3 Personen

Raffiniert

Zubereitung:

1. Zartbitter-Schokolade reiben. Milch, geriebene Schokolade und Zimt in einem Topf bei schwacher Hitze unter Rühren so lange erwärmen, bis die Schokolade geschmolzen ist.

2. Eier unterrühren und so lange unter Rühren erhitzen, bis die Schokolade dicklich ist. Die Masse nicht kochen lassen, da das Ei sonst gerinnt.

3. Die spanische Schokolade in 2–3 Gläser füllen, nach Belieben mit geriebener Schokolade garnieren und sofort servieren.

Hinweis:

Für dieses Getränk nur ganz frische Eier verwenden, die nicht älter als 5 Tage sind (Legedatum beachten!). Das Getränk sofort trinken.

Wiener Kaffee

Ohne Bild, für 3–4 Personen

Etwas aufwendiger

Zutaten:

125 g Zartbitter-Schokolade
1 TL Zucker
3 EL Schlagsahne
750 ml (¾ l) frisch gekochter Kaffee

Zum Garnieren:
100 g Schlagsahne

Zubereitung:

1. Schokolade in Stücke brechen und in eine Metallschüssel geben. Die Schokolade im heißen Wasserbad bei schwacher Hitze unter Rühren schmelzen lassen.

2. Zucker und Sahne unterrühren. Den Kaffee nach und nach mit einem Schneebesen unterschlagen. So lange schlagen, bis die Masse schaumig ist.

3. Zum Garnieren Sahne steif schlagen. Den Schokoladenkaffee in 3–4 Tassen geben und mit der geschlagenen Sahne bedeckt servieren.

Zutaten:

60 g Zartbitter-Schokolade
500 ml (½ l) Milch
1 TL gemahlener Zimt
2 Eier (Größe M)

Nach Belieben:
etwas geriebene Schokolade

Eiskaffee

Für 2–4 Personen

Zubereitung:

1. Milch oder Sahne in einem Topf unter Rühren zum Kochen bringen. Kaffeepulver in eine Kaffeekanne geben und mit der kochend heißen Milch oder Sahne übergießen.

2. Den Kaffee zugedeckt etwa 30 Minuten ziehen lassen, anschließend die Kaffeemilch oder -sahne durch ein Sieb gießen. Kaffee dabei auffangen, evtl. mit Zucker verrühren und erkalten lassen.

3. Vanilleeis aus der Packung nehmen, in Würfel schneiden und in 2–4 Gläsern verteilen. Die Gläser mit dem Kaffee auffüllen. Sahne steif schlagen. Den Eiskaffee mit steif geschlagener Sahne und Schokostreuseln garniert servieren.

Zutaten:

500 ml (½ l) Milch
oder 500 g Schlagsahne
50 g gemahlener Kaffee
evtl. Zucker

500 ml Vanilleeis

Zum Verzieren:
250 g Schlagsahne
Schokoladenstreusel

Für 4 Personen

Etwas aufwendiger Eisschokolade

Zutaten:

100 g Schokolade
125 ml (1/8 l) Wasser
500 ml (1/2 l) Milch
125 g Schlagsahne
500 ml Vanilleeis

Zum Garnieren:
125 g Schlagsahne

Zubereitung:

1. Die Schokolade in kleine Stücke brechen. Schokoladenstücke mit Wasser in einen kleinen Topf geben und unter ständigem Rühren so lange erhitzen, bis die Schokolade vollständig geschmolzen ist.

2. Nach und nach Milch und Sahne hinzugießen. Die Flüssigkeit unter Rühren erhitzen, nicht kochen und abkühlen lassen.

3. Die Flüssigkeit zum Erkalten in den Kühlschrank stellen. Vanilleeis in Würfel schneiden, gleichmäßig auf 4 Gläser verteilen und mit der erkalteten Schokolade auffüllen.

4. Zum Garnieren Sahne steif schlagen und die Eisschokolade damit bedeckt servieren.

Café Frappé

Eiskalt erwischt

Für 2–4 Personen

Zubereitung:

1. Kaffee mit Zucker verrühren und abkühlen lassen.

2. Den Kaffee mit den Eiswürfeln und der Sahne in einen Elektromixer geben. Die Kaffeemischung kräftig mixen, bis das Getränk im Mixer schäumt. Den Café Frappé sofort in 2–4 Gläser geben und servieren.

Tipp:

Nach Belieben können Sie den Café Frappé mit einem Kaffee-, Schokoladen- oder Sahnelikör aromatisieren.

Zutaten:

600 ml frisch gekochter, starker Kaffee
180 g Zucker
6 Eiswürfel
100 g Schlagsahne

Raffiniert

Spiced Iced Coffee

Ohne Bild, für 4 Personen

Zutaten:

1 l frisch gekochter, starker Kaffee
1 Zimtstange
4 Gewürznelken
50 g Zucker
einige Eiswürfel

Nach Belieben:
Sprühsahne
4 Trinkhalme

Zubereitung:

1. Den Kaffee mit der Zimtstange, den Gewürznelken und dem Zucker verrühren.

2. Die Mischung abkühlen lassen, dann in den Kühlschrank stellen.

3. Die Gewürze entfernen. Jeweils 4 Gläser mit einigen Eiswürfeln füllen und die Kaffeemischung darübergießen.

4. Nach Belieben auf den Spiced Iced Coffee einen Tupfen Sprühsahne geben und mit einem Trinkhalm servieren.

Zutaten:

1 l Milch
4 EL loser schwarzer Tee
1 Zimtstange
1–2 Gewürznelken
evtl. Kardamom oder Sternanis

Nach Belieben:
brauner Zucker (Rohrzucker)

Exotisch Chai

Für 4 Personen

Zubereitung:

1. Die Milch in einem Topf bei schwacher Hitze zum Kochen bringen. Tee, Zimtstange, Nelken und Kardamom oder Sternanis hinzugeben und etwa 2 Minuten bei schwacher Hitze leicht köcheln lassen.

2. Den Chai durch ein Sieb in 4 Gläser füllen und nach Belieben mit braunem Zucker süßen.

Tipp:

Der Tee schmeckt heiß und kalt. Erkaltet kann der Chai mit einigen Eiswürfeln und nach Belieben mit einer Zimtstange garniert serviert werden.

Zum Entspannen

Yogi Tee®

Ohne Bild, für 4 Personen

Zutaten:

600–800 ml Wasser
4 Teebeutel Yogi Tee® Classic Mischung
200 ml Milch

Zubereitung:

1. Wasser in einem Topf zum Kochen bringen. Die Teebeutel hineingeben und nach Packungsanleitung etwa 7 Minuten ziehen lassen.

2. Die Teebeutel herausnehmen und 4 Gläser zur Hälfte mit dem Tee befüllen.

3. Die Milch in einem Topf bei schwacher Hitze erwärmen, dann aufschäumen.

4. Die Gläser mit der noch flüssigen Milch (am Topfboden) auffüllen und mit dem Milchschaum garnieren.

®Registered trademark of Golden Temple Natural Products GmbH

Breakfast-Smoothie

Beliebt

Im Bild vorn, für 1 Person

Zutaten:

½ Pfirsich
½ Banane
150 g Vanillejoghurt
100 ml Orangensaft
1 EL kernige Haferflocken

Zubereitung:

1. Pfirsichhälfte abspülen, abtrocknen und in Stücke schneiden. Bananenhälfte schälen und ebenfalls in kleine Stücke schneiden.

2. Anschließend Pfirsich- und Bananenstücke, Vanillejoghurt und Orangensaft in einen hohen Rührbecher geben und pürieren. Dann die Haferflocken unterrühren.

3. Den Smoothie nach Belieben vor dem Servieren einige Zeit in den Kühlschrank stellen und in einem Glas servieren.

Tipp:

Bestreuen Sie den Smoothie kurz vor dem Servieren mit einigen Haferflocken.

Orangen-Smoothie mit Ingwer

Fruchtig frisch

Im Bild hinten, für 1 Person

Zutaten:

1 große Orange
½ Banane
15 g Ingwerwurzel
100–150 ml Sojamilch

Zubereitung:

1. Die Orange so schälen, dass die weiße Haut mitentfernt wird. Banane schälen. Orange und Banane in Stücke schneiden. Ingwerwurzel schälen und ebenfalls in kleine Stücke schneiden.

2. Orangen-, Bananen- und Ingwerstücke mit der Sojamilch in einen großen Rührbecher geben und pürieren. Den Smoothie nach Belieben noch einige Zeit in den Kühlschrank stellen und in einem Glas servieren.

Tipp:

Schmecken Sie den Smoothie nach Belieben mit etwas Honig oder Orangensaft ab.
Anstelle der Sojamilch können Sie auch Sojamilch mit Fruchtgeschmack (z. B. Orange) verwenden.

Strawberry-Mint-Smoothie

Im Bild hinten links, für 1 Person

Einfach lecker

Zubereitung:

1. Minze abspülen, trocken tupfen und die Blättchen von den Stängeln zupfen. Minzeblättchen fein schneiden. Erdbeeren gründlich abspülen, trocken tupfen, entstielen und in Stücke schneiden.

2. Minze, Erdbeerstücke, Joghurt, Honig und Limettensaft in einen hohen Rührbecher geben und pürieren. Den Smoothie nach Belieben einige Zeit in den Kühlschrank stellen und vor dem Servieren in ein Glas geben.

Tipp:

Nach Belieben den Drink mit einem dicken Trinkhalm servieren und zusätzlich mit einem Zweig Minze garnieren.

Zutaten:

4–5 Zweige Minze
150 g Erdbeeren
3 EL Joghurt
1 EL flüssiger Honig
2–3 EL Limettensaft

Beeren-Smoothie

Frisch und fruchtig

Im Bild vorn und hinten rechts, für 1 Person

Zutaten:

50 g Erdbeeren
100 g Himbeeren
5 EL Joghurt
50 ml Vollmilch
50 ml Zitronensaft

Nach Belieben:
einige Himbeeren
etwas gemahlener Zimt

Zubereitung:

1. Erdbeeren gründlich abspülen, abtrocknen, entstielen und in Stücke schneiden. Himbeeren verlesen, evtl. kurz abspülen und abtropfen lassen.

2. Früchte mit Joghurt, Milch und Zitronensaft in einen hohen Rührbecher geben und pürieren. Den Smoothie nach Belieben noch einige Zeit in den Kühlschrank stellen.

3. Den Smoothie vor dem Servieren in ein Glas geben. Nach Belieben den Smoothie mit einigen Himbeeren garnieren und mit Zimtpulver bestäubt servieren.

Tipps:

Wenn Sie es lieber süßer mögen, geben Sie 1 Teelöffel flüssigen Honig oder Ahornsirup in den Smoothie.
Durch die Säure des Zitronensaftes kann es passieren, dass die Vollmilch gerinnt. Achten Sie deshalb darauf, dass die Milch gut gekühlt ist oder verwenden Sie Sojamilch.

Zutaten:

1 Papaya
½ Banane
5 EL Joghurt
100 ml Maracujanektar

Im Bild links, für 1 Person

Papaya-Smoothie

Exotisch

Zubereitung:

1. Papaya halbieren und die Kerne mit einem Esslöffel herausschaben. Papaya schälen und das Fruchtfleisch in Stücke schneiden. Die halbe Banane ebenfalls schälen und in Stücke schneiden.

2. Papaya-, Bananenstücke, Joghurt und Maracujanektar in einen hohen Rührbecher geben und pürieren. Den Smoothie nach Belieben noch einige Zeit in den Kühlschrank stellen und in einem Glas servieren.

Tipps:

Servieren Sie den Smoothie nach Belieben mit 2 Trinkhalmen.
Der Smoothie schmeckt auch mit Fruchtjoghurt (z. B. Maracuja-Geschmack) sehr gut.

Zutaten:

3 Bananen
1 große Mango (etwa 350 g)
500 ml (½ l) kalter Orangensaft
40 g abgezogene, gehobelte Mandeln
1–2 EL Agavendicksaft (Reformhaus) oder flüssiger Honig

Im Bild rechts, für 4 Personen

Mandel-Mango-Smoothie

Beliebt

Zubereitung:

1. Bananen schälen und in etwa 1 cm dicke Scheiben schneiden. Bananenscheiben in den Gefrierschrank legen. Mangofruchtfleisch vom Stein schneiden, Fruchtfleisch schälen und würfeln. Evtl. 4 kleine Spalten zum Garnieren abschneiden und beiseitelegen. Mangowürfel ebenfalls einfrieren.

2. Mandeln in einer Pfanne ohne Fett hellbraun rösten und auf einem Teller erkalten lassen. Evtl. einige Mandeln zum Garnieren beiseitelegen.

3. Alle Zutaten mit Agavendicksaft oder Honig in einen hohen Rührbecher geben und pürieren. Smoothie in 4 Longdrinkgläser verteilen und nach Belieben mit den beiseitegelegten Mangospalten und Mandeln garnieren.

Kapitelregister

Gut gerührt ist halb geschüttelt – Cocktails mit Alkohol

Cocktails ohne Alkohol

Gestern wie heute die Partystars – Limonaden und Bowlen

Heißes für kühle Abende – Punsch, Glühwein & Co.

Fast wie in der Eisdiele

Alphabetisches Register

Für Fragen, Vorschläge oder Anregungen steht Ihnen der Verbraucherservice der Dr. Oetker Versuchsküche, Telefon: 00800 71727374 Mo.–Fr. 8:00–18:00 Uhr, Sa. 9:00–15:00 Uhr (Gebührenfrei in Deutschland) oder die Mitarbeiter des Dr. Oetker Verlages, Telefon: +49 (0) 521 520650 zur Verfügung
oder schreiben Sie uns:
Dr. Oetker Verlag KG, Am Bach 11, 33602 Bielefeld
oder besuchen Sie uns im Internet unter www.oetker.de.

Umwelthinweis Dieses Buch und der Einband wurden auf chlorfrei gebleichtem Papier gedruckt. Die Einschrumpffolie – zum Schutz vor Verschmutzung – ist aus umweltfreundlichem und recyclingfähigem PE-Material.

Redaktion Carola Reich, Ina Scholz

Fachliche Beratung Fun Bar Catering, Frank Breithecker, Wiesbaden

Innenfotos Antje Plewinski, Berlin (S. 4–7, 8, 14, 15, 17, 22, 23, 26, 27, 30, 31, 35, 38–44, 64, 67, 69, 79, 81, 85, 86–93)
Fotostudio Diercks, Hamburg (S. 73, 83)
Ulli Hartmann, Halle/Westf. (S. 33, 71, 75, 82)
Bela Hoche, Hamburg (S. 49, 56)
Hans-Joachim Schmidt, Hamburg (S. 11, 13, 16, 37, 53, 63)
Axel Struwe, Bielefeld (S. 19, 20, 25, 29, 46, 51, 54, 58, 61)
Norbert Toelle, Bielefeld (S. 77)

Foodstyling Anke Rabeler, Berlin

Grafisches Konzept kontur:design, Bielefeld
Gestaltung kontur:design, Bielefeld
Titelgestaltung kontur:design, Bielefeld

Satz Typografika, Bielefeld
Reproduktionen Mohn media Mohndruck GmbH, Gütersloh
Druck und Bindung Mohn media Mohndruck GmbH, Gütersloh

Wir danken für die freundliche Unterstützung Mast-Jägermeister, Wolfenbüttel
Golden Temple Natural Products, Hamburg

ISBN 978-3-7670-0986-8